Heróis da Humanidade
Benjamin Franklin

Ciranda Cultural

Dados Internacionais de Catalogação na Publicação (CIP) de acordo com ISBD

B921b	Buchweitz, Donaldo
	Benjamin Franklin / Donaldo, Buchweitz ; ilustrado por Eduardo Vetillo - Jandira, SP: Ciranda Cultural, 2022.
	24 p.: il.; 25,00 cm x 25,00 cm - (Heróis da humanidade – edição bilíngue)
	ISBN: 978-65-261-0013-4
	1. Literatura infantojuvenil. 2. Gênio. 3. Diplomata. 4. Herói. 5. Biografia. 6. Eletricidade. 7. Bilíngue. I. Vetillo, Eduardo. II. Título.
2022-0585	CDD 028.5
	CDU 82-93

Elaborado por Lucio Feitosa - CRB-8/8803
Índice para catálogo sistemático:
1. Literatura infantojuvenil 028.5
2. Literatura infantojuvenil 82-93

© 2022 Ciranda Cultural Editora e Distribuidora Ltda.
Produção: Ciranda Cultural
Texto @ Donaldo Buchweitz
Ilustrações: Eduardo Vetillo
Preparação de texto: Karina Barbosa dos Santos
Revisão: Maitê Ribeiro e Lígia Arata Barros
Versão e narração em inglês: Melissa Mann

1ª Edição em 2022
www.cirandacultural.com.br

Todos os direitos reservados. Nenhuma parte desta publicação pode ser reproduzida, arquivada em sistema de busca ou transmitida por qualquer meio, seja ele eletrônico, fotocópia, gravação ou outros, sem prévia autorização do detentor dos direitos, e não pode circular encadernada ou encapada de maneira distinta daquela em que foi publicada, ou sem que as mesmas condições sejam impostas aos compradores subsequentes.

Heróis da Humanidade
Benjamin Franklin

Ouça a narração
em inglês:

Benjamin Franklin nasceu na cidade de Boston, em 17 de janeiro de 1706. Foi o décimo filho de dezessete irmãos, e desde cedo começou a fazer velas e sabão, para ajudar o pai em seu pequeno comércio. Aos 12 anos, foi trabalhar com o irmão James e aprendeu o ofício de impressor.

Ben Franklin was born in Boston on January 17, 1706. He was the tenth of 17 children and began working at an early age making candles and soap to help his father's small business. When he was 12 years old he went to work with his brother James and learned the printing trade.

A paixão pela escrita começou ali e não demorou muito para Ben Franklin se tornar editor do jornal *New England Courant*. Aos 17 anos, depois de um desentendimento com um irmão, fugiu para a Filadélfia em um navio mercante.

It was there he developed a passion for writing, and it didn't take long for him to become the editor of the New England Courant. At age 17, after a falling-out with this brother, he ran off to Philadelphia on a merchant ship.

Franklin não tinha uma fórmula pronta de sucesso. Dotado de múltiplos talentos, era um homem de mente e qualidade extraordinárias, e sua caminhada diária e sua conversa simples ajudaram muitas pessoas a vencer as próprias dificuldades.

Ben Franklin did not follow a standard path to success. He had many talents and was a man with an extraordinary mind and many qualities. His daily walks and unpretentious talk helped many people overcome their personal difficulties.

Desde que chegou à Filadélfia, Ben dedicou-se a aprimorar o pouco conhecimento que tinha, sempre preocupado em ajudar o próximo. Tanto que, em 1731, angariou recursos e abriu a primeira biblioteca pública da cidade.

As soon as he reached Philadelphia he began improving on the little knowledge he had. And he was always concerned with helping others, so much so that in 1731 he raised money to establish the city's first public library.

Sua fama no mundo científico deveu-se tanto à maneira modesta, simples e sincera de apresentar suas descobertas quanto à precisão e clareza do estilo com que descrevia seus experimentos e os resultados obtidos.

His fame as a scientist owes itself both to the humility, simplicity and sincerity he showed when presenting his discoveries as well as to the accuracy and clarity with which he described his experiments and findings.

Ben Franklin ficou muito conhecido na ciência e no serviço público, na diplomacia e na literatura. Fez descobertas sobre a eletricidade, identificou as cargas positivas e negativas e demonstrou que os raios são um fenômeno de natureza elétrica.

Ben Franklin became a very well-known scientist, public servant, diplomat and author. He made discoveries about electricity, identified positive and negative charges, and showed that lightening is an electrical phenomenon.

A teoria que tornou Ben Franklin famoso no mundo inteiro foi descoberta quando ele estava empinando pipa em meio a uma forte trovoada, em junho de 1752. Em seus escritos, Ben se dizia consciente dos perigos dessa maneira alternativa de demonstrar que os raios carregavam eletricidade.

The theory that made Ben Franklin famous the world over came about when he was flying a kite in the middle of a terrible thunderstorm in June 1752. In his papers he wrote that he was indeed aware of the dangers of using this method to show that lightening is electrically charged.

O lugar de Franklin na literatura é difícil de determinar, porque ele não era um literato. Seu objetivo, tanto nos escritos como na vida, era ser útil a seus semelhantes. Na política, ele provou ser um hábil administrador. Organizou um sistema postal para as colônias que foi a base do atual correio dos Estados Unidos.

Ben Franklin's place in literature is hard to pin down because he wasn't exactly a man of letters. His goal, both in his writings and in life, was always to be of use to others. In politics he proved to be a skillful administrator. He organized the postal system into zones that are the basis for the US postal system to this day.

Ben Franklin ganhou fama especialmente como estadista, com seus serviços diplomáticos para a Filadélfia, na Grã-Bretanha, e para as colônias americanas, na França. A elaboração do plano de união para as colônias, apesar de não ter sido adotado, contribuiu posteriormente para o conteúdo da Constituição dos Estados Unidos.

Franklin became especially well known as a statesman through his service as a diplomat for Philadelphia in Great Britain and for the American Colonies in France. His plan for the unification of the Colonies, though never adopted, later influenced the text of the United States Constitution.

Seu sucesso como cientista, estadista e diplomata foi, em grande parte, devido à habilidade como escritor. Seus argumentos políticos eram a alegria de seu partido e o pavor de seus oponentes. Franklin explicava suas descobertas em uma linguagem tão simples e clara que todos conseguiam seguir seu raciocínio sobre os experimentos.

Ben Franklin's success as a scientist, statesman and diplomat owes itself in large part to his skill as a writer. His political arguments were considered a boon to fellow party members and the bane of his opponents. Franklin explained his discoveries in such simple, clear language that anyone could follow the logic of his experiments.

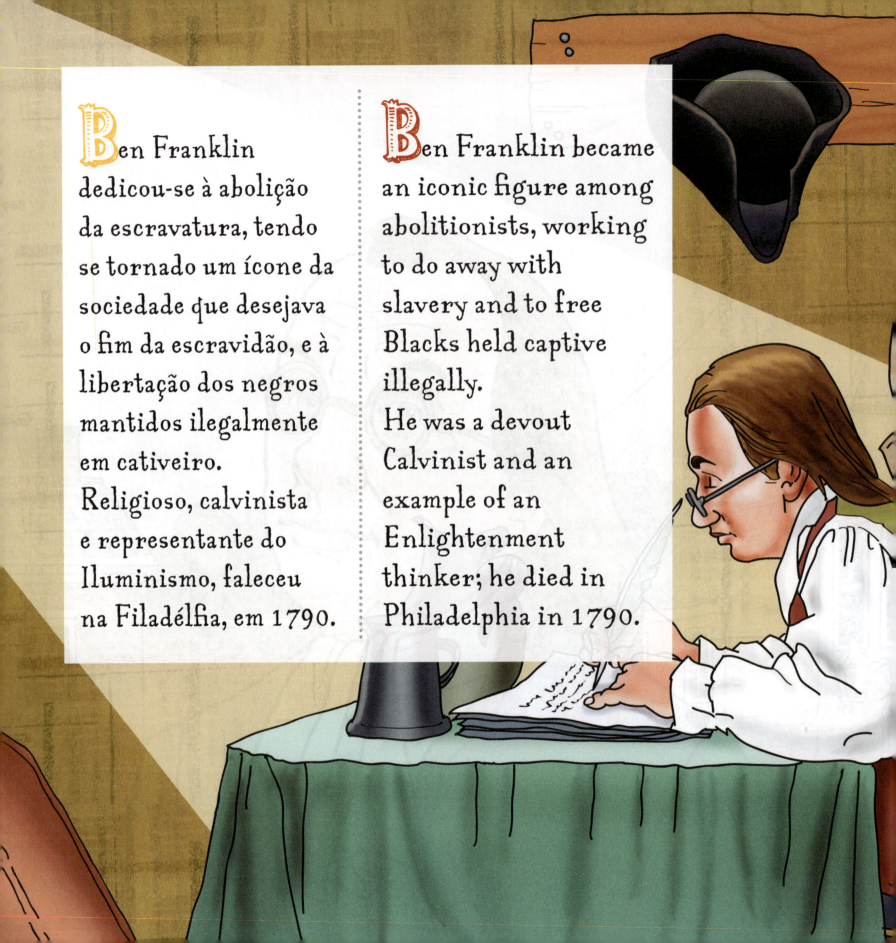

Ben Franklin dedicou-se à abolição da escravatura, tendo se tornado um ícone da sociedade que desejava o fim da escravidão, e à libertação dos negros mantidos ilegalmente em cativeiro.
Religioso, calvinista e representante do Iluminismo, faleceu na Filadélfia, em 1790.

Ben Franklin became an iconic figure among abolitionists, working to do away with slavery and to free Blacks held captive illegally.
He was a devout Calvinist and an example of an Enlightenment thinker; he died in Philadelphia in 1790.